NOUVELLE
GRAMMAIRE FRANÇAISE

EN VERS LIBRES,

À L'AIDE DE LAQUELLE ON S'INSTRUIT EN S'AMUSANT ;

Par H∴ MONTET-DE-LAROCHE,

Membre de la Société Entomologique de France, etc., etc.

Labor omnia vincit
Improbus (Virg.)

1855.

GENÈVE,
CHEZ H. DE CHATEAUVIEUX,
Place du Môlard, 125.

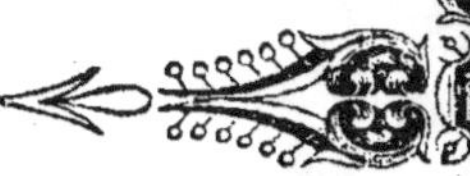

PARIS,
LIBRAIRIE L. HACHETTE ET Cie,
Rue Pierre-Sarrazin, 14.

NOUVELLE

GRAMMAIRE FRANÇAISE

EN VERS LIBRES.

PROPRIÉTÉ.

LYON, IMPRIMERIE DE Ve MOUGIN-RUSAND, RUE TUPIN, 16,
près de la rue Centrale.

NOUVELLE

GRAMMAIRE FRANÇAISE

en vers libres,

A L'AIDE DE LAQUELLE ON S'INSTRUIT EN S'AMUSANT;

Par H∴ MONTET-DE-LAROCHE,

Membre de la Société Entomologique de France, etc., etc.

Labor omnia vincit
Improbus (Virg.)

1855.

<table>
<tr><td>GENÈVE,</td><td>PARIS,</td></tr>
<tr><td>CHEZ ACH. DE CHATEAUVIEUX,
Place du Molard, 123.</td><td>LIBRAIRIE L. HACHETTE ET Cⁱᵉ,
Rue Pierre-Sarrazin, 14.</td></tr>
</table>

PRÉFACE.

Pour écarter toute prévention,
Et fournir une excuse à l'informe assemblage
De ma bizarre invention,
Je dois ici l'aveu que, par pur badinage,
J'ai rimé, sans prétention,
Sur les dix éléments qu'offre notre langage.
Si j'avais invoqué le sévère Apollon,
Il aurait dédaigné la supplique et l'ouvrage,
Et condamné l'auteur aux Petites-Maisons.
Je n'ai point de relations
Avec ce divin personnage.

Je fis donc à ma tête; et, par précaution,
Je me suis plastronné contre le persifflage,
Bien convaincu pourtant qu'en toute occasion,

Un censeur érudit et sage,

Quelle qu'en soit l'opinion,

Peut éclairer notre raison,

Et nous instruire à tout âge.

Je termine ce verbiage,

En disant, à mon avantage,

Que de Phébus le plus cher nourrisson,

Sur un sujet aussi sauvage,

N'eût pas fait aisément quelque chose de bon.

LES DIX PARTIES DU DISCOURS,

En vers libres.

Le langage français comprend dix éléments,
Que du discours encore on appelle parties.
Disons d'abord les mots ; et puis, selon leurs rangs,
    Les choses seront définies :
Le *Nom* est le premier, sous trois noms différents ;
L'*Article* est le second ; l'*Adjectif* le troisième ;
    Le *Pronom* vient en quatrième ;
Le cinquième est le *Verbe*, et se dit, à propos,
Le mot par excellence, entre les autres mots,
Puisque de tout langage il est l'unique base,
Et qu'on ne peut, sans lui, former aucune phrase :

Mais sur la définition,
Il ne faut pas que j'anticipe.
Le sixième est le *Participe.*
Le septième est nommé la *Préposition ;*
D'après l'ordre établi, l'*Adverbe* est le huitième ;
Venant après, c'est la *Conjonction,*
Qui se trouve être le neuvième ;
Et le dixième, enfin, est l'*Interjection.*
Voilà bien les dix mots : passons à l'analyse.

Du Nom ou Substantif.

Le *Nom* ou *Substantif* désigne les objets :
« *Paul, faix, feu, dais, voleurs, an, tête, chat, effets;* »
Ce nom génératif, comme il suit se divise,
En noms communs, qu'on dit encore *appellatifs,*
      En noms propres et collectifs.
Le *premier* se conçoit dans *auteur, sang, chemise.*
Le *nom propre* est compris par *Jean, Rome, Louise;*
Le *collectif* se voit dans le *peuple, un sénat,*
Un *bois,* une *garenne,* un formidable *état;*
Mais comme ces trois mots offrent plusieurs nuances,
Il faut éclaircir mieux toutes leurs différences :
      Je le ferai succinctement.

      Le *nom commun* convient expressément
      A tous les objets d'une espèce semblable :
Un rasoir, un canif, une pierre, une table,
Une femme, un serpent, une chaise, un sabot.

      D'un seul individu le *nom propre* est le lot :
Pierre n'étant pas *Paul, Paul* ne peut être *Pierre.*
Mais toute table est table, et toute pierre est pierre.

Par cet exemple seulement,
Le nom propre, je crois, s'entend suffisamment.
Le nom, dit *collectif*, offre même évidence :
On conçoit bien, par ce dernier,
Celui qui, quoique au singulier,
Présente à notre intelligence
Maints objets réunis, tous de même substance,
Tels que *forêts*, *carrière*, une *armée*, un *couvent*,
Un *camp*, une *caserne*, aussi le *firmament* ;
Forêt me fait comprendre une infinité d'arbres ;
Par *carrière*, j'entends des pierres ou des marbres,
Dont l'ensemble est conçu par le *nom collectif*
De *colligere*, verbe actif,
Qui, traduit du latin, en français signifie
Assembler, *réunir* (ou le tout ou partie) :
De là, deux collectifs, dont l'un se glorifie
Du nom de *général* ; et l'autre est partitif :
« De tous les citoyens dont l'*État* se compose,
« *La plupart* sont, je crois, pour le bien de la chose. »
État est, comme on voit, *collectif général*,
Puisque des citoyens il offre le total.
Par le mot *la plupart*, je ne saurais comprendre
L'universalité que l'autre fait entendre :
Parmi les *partitifs*, il faut donc le ranger,
Comme le *tiers*, le *quart* et bien d'autres encore.
D'après ce que j'ai dit, celui qui les ignore,
De tous les autres noms saura les distinguer.

De l'Article.

L'*Article* est bien petit; c'est ainsi qu'il dut naître;
Mais, aussi bien qu'un grand, on doit l'apprécier.
Il tire d'un sens vague un mot quel qu'il puisse être,
Et lui donne toujours un sens particulier :
C'est encor lui qui fait connaître
Le genre et le nombre des noms
(J'entends les noms communs). Donc par ces deux raisons
On saura discerner la sœur d'avec le frère,
Les brebis d'avec les moutons.
Disons aussi que l'article, en grammaire,
Est *simple* ou *composé*. Les formes du *premier*
Sont *le, la, les ;* et celles du *dernier,*
Du, des, au, lequel *au* prend un *x* au pluriel.
Nos bons aïeux disaient : (c'était alors l'usage,
Encor familier aux enfants en bas âge) :
« Je viens *de le* verger; je vais *à le* jardin;
« J'ai cueilli *de les* fleurs *à les* champs ce matin. »
On a depuis longtemps épuré ce langage.
On dit *du* pour *de le ; de les* se change en *des;*
On met *au* pour *à le ;* de même *aux* pour *à les.*
L'article composé, ce brief assemblage,

Se forme pour réduction,
Que les grammairiens nomment *contraction* ;
Des articles *le, la,* devant une voyelle,
Ou l'*H* que muette on appelle,
L'*e*, l'*a* sont retranchés : cette suppression
Se nomme alors *élision.*
Tous deux, en pareil cas, sont sans exception,
Remplacés par une apostrophe (').
On le voit dans ces mots : l'âme, l'honneur, l'étoffe,
Cette suppression rend l'article *élidé.*
Son nom, dans l'analyse, est ainsi décidé.
Déclinons quelques noms selon les trois manières ;
« Le plant, du plant, au plant, les plants, des plants, aux plants ;
« La terre, de la terre, à la terre, et les terres ;
« Le hareng, du hareng, au hareng, les harengs ;
« La tache, de la tache, à la tache et les taches ;
« La hache, de la hache, à la hache et les haches ;
« L'homme, de l'homme, à l'homme ; ainsi se dit l'honneur,
« De même que l'agneau, l'horoscope et l'ardeur. »
Les articles *le, la,* ne sont point variables,
Dans le hareng, la hache et tous autres semblables ;
Cette *h* est aspirée, et veut en pareil cas,
Que la voyelle reste, et ne s'élide pas.
Il serait superflu d'en dire davantage.
On voit, sans tant de verbiage,
Qu'on peut, à l'âge de raison,
Bien connaître l'article avec une leçon.

De l'Adjectif.

C'est donc le nom, comme on l'a démontré,
Qui désigne un objet quelconque,
L'adjectif, *d'adjectus*, qui veut dire *ajouté*,
En exprime une qualité :
« Vénus avait pour char une *admirable* conque ;
« Deux colombes traînaient ce char de volupté.
« On admira toujours la *fidèle* Artémise. »
En trois degrés l'adjectif se divise :
D'abord le *positif*, puis le *comparatif*,
Et le troisième est le *superlatif*,
Le *positif* n'est autre chose
Que l'adjectif, lui seul, qualifiant un nom
Par une simple expression :
« Voyez le *bel* œillet ; voyez la *belle* rose.
« Un prince *bienfaisant* est cher à ses sujets.
« On est *dupe* souvent de *fausses* apparences. »
Dans le *comparatif* il siège trois nuances.
(La comparaison seule anime les objets) ;
On voit que, par le fait, toujours incontestable,
De deux, l'un est *plus* grand, ou *moins*, ou bien *semblable* ;
(Ce dernier cas est rare, et surtout en bonté) :

Donc, trois comparatifs, dont suit la différence :

  De la *supériorité*,

 L'adverbe *plus* désigne la puissance;

 L'adverbe *moins l'infériorité*;

 Les mots *autant, aussi*, marquent *l'égalité* :

« Baptiste et Paul sont *plus riches* que Pierre;

« Mais, toujours, celui-ci fut *moins ambitieux*,

 « Et, dans sa médiocre sphère,

« Je le crois, pour le moins, *aussi tranquille* qu'eux. »

Le fier *superlatif*, auquel rien ne s'oppose,

Place, dans un *très haut*, ou le *plus haut* degré,

L'attribut d'un objet, qui n'est point comparé,

Ou bien que l'on compare avec une autre chose;

Donc, deux *superlatifs;* l'un se nomme *absolu*,

Et l'autre *relatif :* le premier est conçu

Par les mots *très, fort, bien;* en voici des exemples :

« De vos habits *très-courts* les manches sont *fort* amples.

« Mon voisin est *bien bon*, mais *extrêmement* vif. »

  Pour former ce *superlatif*,

Les adverbes toujours précèdent l'adjectif;

  Et d'une manière absolue,

Chacun d'eux, en tout temps, élève à ce haut point

La qualité du nom auquel il se voit joint.

Toute comparaison par eux est donc exclue.

  Le superlatif relatif,

Dans le plus haut degré qualifie et compare :

« Des arbres que j'ai vus, *le plus pointu*, c'est l'if.

« Si de tous les humains *le plus sot* est l'avare,
« L'être *le plus prodigue* est-il *le moins* sensé ?
        L'article, simple ou composé,
Comme on a pu le voir, a donc cet avantage,
Que devant *plus*, ou *moins*, suivi de l'adjectif,
        Il forme dans notre langage,
            Le superlatif relatif.

    Le *déterminatif*, que l'on dit *possessif*,
            Mis devant le comparatif,
            L'élève encore à cet étage;
« Je trouve dans mon chien *mon plus fidèle* ami.
« Ce que tu dois payer est *ton moindre* souci. »
De l'adjectif toujours faisons un noble usage :
Ce n'est qu'ainsi qu'il doit obtenir l'avantage
            D'être mis au *superlatif,*
            Tant *absolu* que *relatif;*
Mais lorsqu'il fortifie ou le blâme, ou l'outrage;
            Ne serait-il qu'au *positif,*
            Il déshonore le langage.
    Les *déterminatifs*, nommés *démonstratifs,*
        Aussi-bien que les *possessifs,*
Que ces noms font suffisamment comprendre,
Sont conçus, *les premiers,* par *ce, cet, cette, ces :*
« *Ce* plumage est bien beau, *cet* homme a le cœur tendre,
« *Ces* gens nous ont volés; ainsi, surveillons-les. »

Voici *les possessifs*, qu'on peut sans peine apprendre,

    Mon, ton, son, ma, ta, sa, mes, tes et ses.

    Ajoutons pour ne rien soustraire,

    Notre, nos, votre, vos, leur, leurs.

« *Ma* femme toujours veille au repos de *mon* frère.

« J'ai plaint *ton* infortune, ainsi plains *mes* malheurs. »

    Notez que *ma, ta, sa*, devant une voyelle,

    Ou devant l'H muette (et cependant femelle),

    Ont la forme du masculin.

    « *Mon* oreille est ravie au son du clavecin.

    « *Ton* espérance est vaine, et ta persévérance

    « Ne peut, en aucun temps, fixer *son* inconstance. »

    Enfin, les adjectifs, appelés *numéraux*,

    Sont, les uns *cardinaux*, les autres *ordinaux*.

    De ces deux attributs telle est la différence,

    Que le *nombre* est toujours désigné par ceux-là;

    Ce sont : un, deux, trois, quatre, et cætera.

Les autres marquent l'ordre, et l'on se souviendra

Qu'ils s'expriment ainsi : premier, second, troisième,

Et tous les *cardinaux* auxquels on ajoute *ième.*

Du Pronom.

Cet élément est appelé *pronom;*
Dont *pronomen* est l'étymologie,
Terme latin, qui signifie :
Ce qui tient la place du nom.
L'art, pour en éviter la répétition,
Inventa les *pronoms,* et les mit en usage :
C'est un bienfait pour le langage.
Ces *pronoms* sont *personnels, possessifs,*
Démonstratifs et *relatifs,*
Absolus, interrogatifs.
Le septième est nommé, sans qu'il se subdivise,
Général, indéterminé,
Indéfini; je crois, en analyse,
Que l'un des trois suffit; on l'adopte à son gré.

De trois personnes, en grammaire,
Nos auteurs ont toujours fait la distinction;
Chacune a son acception ;
Celle *qui parle* est la première,
(En parlant d'elle-même) : Ainsi : *je, me, moi, nous,*
Marquent la première personne.
« *Je me* résigne à tout; jamais rien ne *m'*étonne.
« Partout *nous* avons vu des sages et des fous. »

La seconde personne, (on ne peut s'y méprendre
En suivant les distinctions),
Est celle *à qui l'on parle*, et certes fait entendre
Les mots *tu, toi, te, vous*; ce sont là des pronoms;
Mais le dernier, par politesse ,
S'emploie au lieu de *toi*, pour distinguer les gens,
Selon leur âge, et leur sexe et leurs rangs :
« Sans *vous* flatter, mon prince, on voit en votre altesse
(« Chose rare parmi les grands),
« Plus de vertu que de noblesse. »
Les poètes, toujours, ont eu la liberté
De tutoyer les rois, tous les hauts personnages ,
Et même la divinité :
« Grand Dieu, *tu* prends pitié des fous comme des sages ;
« Sur cette mer, si féconde en orages ,
« Qui mène au port de la félicité,
« Pourrions-nous craindre les naufrages ,
« Quand de notre salut nous avons pour ôtages
« *Ta* prévoyance et ta bonté? »

La troisième personne (enfin c'est la dernière).
Est celle *dont on parle*, et comprend d'ordinaire
Les pronoms qui vont suivre, ou bien tout autre objet.
Qui d'un verbe quelconque est toujours le sujet.
Pour la personne singulière,
(Et sans peine on le retiendra),
Ces pronoms sont : *il, elle, lui, le, la.*

Pour le pluriel, il nous convient de dire
Qu'il s'exprime en ces mots : *ils, eux, elles, les, leur* :
Ce dernier autrement ne doit jamais s'écrire :
« Vos enfants sont charmants, il faut *les* bien instruire.
« Donnez-*leur* des leçons pour apprendre par cœur.
« La mémoire est un champ : laissez-le sans labeur,
« Sans engrais, sans semence, *il* ne saurait produire. »
        Soi, se, sont pronoms réfléchis,
Et compo sent encor la troisième personne :
        « Pour secourir ses bons amis,
« Jean ne *se* plaint jamais des peines qu'il se donne.
« Un service rendu me convainc aujourd'hui
« Qu'on s'oblige *soi-même* en obligeant autrui. »
        Dans ce pronom on doit aussi comprendre
        Le mot *en,* comme le mot *y* :
        « Votre père a le cœur bien tendre,
        « Oh ! oui, c'est un homme excellent.
« *J'y* pense tous les jours, et *j'en* parle souvent. »
        On voit ici que le mot *père*
        Par *ces deux mots* est remplacé;
Et des verbes compris dans la phrase dernière,
        Ils sont chacun régime composé.
Les *pronoms possessifs* représentent la chose,
        En marquant la possession :
        « Pourquoi, sans ma permission.
        « S'être emparé de cette rose?
« C'est *la mienne,* et j'en veux la restitution :

« En revanche, je vous propose
« Ce plant d'œillets — je crois qu'il le vaut bien ! »
Déclinons ces pronoms afin qu'on les retienne :
Singulier masculin : *le mien, le tien, le sien;*
Au féminin : *la mienne,* et *la tienne,* et *la sienne;*
Le nôtre, le vôtre, le leur.
Ces formes suffiront pour composer les autres :
« Hélas ! quels destins sont *les nôtres* !
« Qu'on a mal placé la grandeur !
« Nous avons nos défauts, et vous avez *les vôtres;*
« Les français ont leurs us; les anglais ont *les leurs;*
« Mais aucun n'est exempt des communes erreurs.
« Lorsque l'on a fabriqué vos persiennes,
« Sans doute on n'a pas pris pour modèle *les miennes.* »
Quant au pronom *démonstratif,*
Que son seul attribut rend significatif,
Il est l'indicateur d'un objet que l'on montre.
« L'homme que vous voyez , qui vient à ma rencontre ,
« Est *celui* qui toujours à vous s'intéressa. »
De ce pronom voici tout l'assemblage :
Ce, celui, celles, ceux, celui-ci, celui-là.
Les deux derniers sont en usage,
Le premier, pour montrer un objet rapproché;
L'autre , pour indiquer un objet éloigné.
« Démocrite, Héraclite, étaient deux philosophes,
« De deux différentes étoffes :
« *Celui-ci* constamment pleurait sur nos erreurs;

« Son âme fut toujours en proie à la tristesse :
« *Celui-là*, toujours gai, de tout riait sans cesse,
          « Et même des plus grands malheurs. »
      On voit que *celui-ci* nous désigne Héraclite ,
      Tandis que *celui-là* nous montre Démocrite.

      Du pronom relatif il s'agit maintenant.
   Le mot qui le précède , auquel il se rapporte,
          Se dit toujours *antécédent* .
   « Mon voisin *qui* voulait le raifort *que* j'apporte »
      Qui, *que*, sont relatifs, dont *voisin* et *raifort*
Sont les *antécédents* : mais dénommons d'abord
Les mots dont ce pronom compose sa cohorte;
          Les voici tels qu'ils sont :
      Qui, que, lequel, laquelle et dont,
En, y, quoi, le, la, les : il importe de dire
Que *dont* est pour *duquel*, de *laquelle* et *desquels*.
   « Vous, *dont* l'esprit toujours se livre à la satire ,
   « Respectez l'innocence en vos vers criminels.
   « Dieu, *dont* nous connaissons la sage providence,
   « Au plus petit des siens donne la subsistance,
   « Celui *qui* craint les dieux, évite leur courroux.
   « L'objet *que* tu chéris est un objet bien doux.
   « Les soins *à quoi* se livre une âme bienfaisante,
   « Ne trouvent pas toujours un cœur reconnaissant.
   « Nous *l'*avons éprouvé, les larmes d'une amante
   « Ont, pour cause, la joie ou le ressentiment.

« Cette épreuve est commune à l'objet de ses larmes.

« L'amour le plus ardent vit au sein des alarmes.

« Ce ruisseau, si petit, *que* tu dois avoir vu,

     « L'eau *duquel* est si bonne à boire,

« Ami, l'eusses-tu cru? car qui pourrait le croire ?

« Non, on ne croirait pas qu'il se serait accru,

« Au point qu'on *le* croirait une forte rivière.

« Voici quelques bonbons *que* m'a donnés ma mère ;

     « Je les crois *bons* ; ma sœur, *en* voulez-vous ?

« Quoi ! vous *les* refusez !... *Y* pensez-vous, ma chère ?

« J'en ai déjà mangé ; je *les* trouve très-doux ?... »

     D'après ces exemples, je pense,

Un élève pourra distinguer aisément

Le *pronom relatif*, et son *antécédent*.

     Pour plus de développement,

Le maître (il en faut un dans tout art ou science),

     Apportera son assistance.

     Les pronoms interrogatifs

     Sont : *qui, que, quoi :* « *Que* me veulent ces juifs ?

« A quoi bon ces discours et ces extravagances ?

« *Qui* ne serait point las de vos impertinences ?

« *Que* feraient les gourmands, s'ils n'avaient point de dents ?

« Qui pourrait arrêter ces désordres extrêmes ? »

On voit que ces pronoms n'ont point d'antécédents.

Les pronoms absolus sont, à-peu-près, les mêmes ;

     Mais avec eux, on n'interroge pas.

« Je ne sais *qui* vous a mis dans ce cas.

« Je ne saurais *à quoi* peut servir ta réplique...»

Quelques grammairiens, de nouvelle fabrique,

Sans doute, le faisant pour de bonnes raisons,

Admettent le mot *il* au rang de ces pronoms,

Quand il précède un verbe, en terme didactique,

Nommé verbe *unipersonnel.*

« *Il* tonne, *il neige, il pleut*; nous aurons du dégel.

« *Il* s'agit maintenant d'un objet de physique. »

Le dernier des pronoms est *l'indéterminé* :

Quoiqu'ils n'aient pas de ressemblance,

Chacun d'eux, j'imagine, en même temps est né,

Et du même génie ils tiennent l'existence.

Ce pronom, qu'on appelle encore *indéfini,*

Et même *général,* ne désigne personne :

Quelqu'un frappe à la porte : il me semble qu'on sonne.

« Ne médisons jamais *d'autrui.*

« Ici, nul ne veut faire agir le tournebroche ;

« Et, pour s'en exempter, *aucun* ne s'en approche.

« *Quiconque* est paresseux, fait bien peu de progrès.

« *Qui que* ce soit chez lui ne peut trouver accès.

« *Plusieurs* se sont montrés jaloux du diadème ;

« Mais *pas un* d'eux n'obtint la dignité suprême.

« Je ne suis point sorti ; *personne* n'est venu.

« Si nu *l'on* vient au monde, on *s'en* retourne nu.

« Je vous l'ai dit, mademoiselle,

« Vous avez des attraits, vous êtes faite au tour ;

« Mais souvenez-vous bien qu'à la ville, à la cour,
« Au village, et partout *on* ne peut être belle,
          « Si *l'on* n'a pas toujours
« Les talents, et surtout la vertu pour atours. »
          Dans quelques œuvres didactiques,
Quelques grammairiens (j'approuve leur raison),
          Ne classent point dans ce pronom
Des mots qui, selon eux, sont des mots elliptiques,
Comme *tel, tout, aucun, plusieurs*, et cœtera :
« *Tel* qui rit vendredi, dimanche pleurera.
« *Plusieurs* (n'en doutons point, l'histoire en parlera),
« Se sont couverts de gloire en ce jour mémorable.
« *Tous* reçurent un cœur, *aucun* ne s'en tint là. »
Tel, plusieurs, tous, aucun, et tous autres semblables
Ne représentent point *hommes* sous-entendus;
Ce sont des adjectifs suffisamment conçus.

Du Verbe.

Avant de définir le Verbe et son cortége,
Il faut en expliquer clairement (ainsi fais-je),
Le *nominatif* ou *sujet,*
Le *régime simple* ou *direct,*
Et puis le régime contraire,
Que nous appelons, e n grammaire,
Complément indirect, régim e composé,
Et même aussi *particulé.*
De l'un de ces trois noms le choix est arbitraire.
Le *sujet* doit répondre à la ques tion *qui?*
« Henri quatre fut bon » : *Qui* fut bon *?* — C'est Henri.
Donc le sujet du Verbe est dans c e nom chéri.
Le complément direct à saisir est facile,
(Oh! très-facile selon m oi.)
Il doit répondre à la question *quoi ?*
Ou bien, *qu'est-ce que ?* — « J'aime un *artisan habile:* »
Qu'est-ce que j'aime?... *Un artisan.*
Ici le verbe *j'aime* est le mot régissant .
Ce régime n'est tributaire
Que des verbes actifs, dont le pouvoir s'étend

Encor sur l'autre complément :
Ce dernier, qui finit notre préliminaire
Répond aux questions : *à qui? de quoi? de qui?*
Sans oublier *à quoi?* — « L'homme est pétri *de terre.* »

 De quoi l'homme est-il donc pétri?
La réponse est *de terre;* et ce nom est régi
  Par le Verbe qui le précède.
 « *Au respect, à l'amour* tôt ou tard le cœur cède. »
A quoi cède le cœur? — *A l'amour, au respect.*
On voit dans ces deux noms, le régime indirect.

 Nous abordons enfin ce mot par excellence,
Dont le haut nom de *Verbe* annonce la puissance,
Sans lui, dans toute langue, idiôme, ou jargon,
  Il ne peut exister de proposition;
On ne saurait, sans lui, former aucune phrase.
Du plus simple discours le *verbe* est donc la base :
 « Mon jeune frère *aime* un charmant objet;
 « S'il *n'était* point *payé* d'une égale tendresse,
 « Le pauvre enfant en *mourrait* de tristesse;
  « Certainement il en *mourrait.*
« Pour être bien portant, *il faut* se *nourrir* d'herbes. »
Ces exemples font voir nos cinq sortes de verbes,
  Que l'on distingue par ces mots :
 Actifs, passifs, neutres, pronominaux,
Impersonnels, que des auteurs nouveaux
  Appellent *unipersonnels.*

Pour les rendre aux enfants plus aisés à comprendre,
Nous devons encore leur apprendre
Que ces derniers parfois, ne sont qu'accidentels.
Quand le verbe est *actif*, l'action qu'il exprime
Est, sans aucune exception,
Faite par le sujet : « Ce *héros magnanime*
« Surpassa *mon courage* en cette occasion.
« De ses vertus, bien plus que de son nom,
« Jaloux admirateur, *je le hais et l'estime.* »
Actif vient d'*agere*, qui signifie *agir*,
(De l'étymologie il faut se souvenir).
De tout *verbe passif* l'action est soufferte
Par le sujet : « *Mon serin est volé.*
« *Mes deux chats sont occis*; mon chien *est étranglé* ;
« Rien ne pourra jamais réparer cette perte. »
Passif vient de *pati,* qui veut dire *souffrir,*
(Sans cesse les Latins viennent nous secourir)
S'il ne peut se tourner, ni par la voix passive,
Ni par celle qu'on nomme *active,*
Alors le verbe est *neutre,* et nous vient du latin
Neuter, qui veut dire *ni l'un ni l'autre.*
Oh ! quelle langue que la nôtre !
C'est, à n'en pas douter, un habit d'arlequin :
Il faut donc, pour la bien connaître,
Etudier la source où ces mots sont puisés.
Le *Verbe neutre* prend, dans les temps composés,
L'auxiliaire *avoir,* ou l'auxiliaire *être :*

« Nous *avons succombé;* ma sœur *en a gémi.*

« Longtemps dans les prisons nos parents *ont langui;*

« Un tyran secondé *marche* de crime en crime.

« Ma cousine *est rentrée,* et son frère *est sorti.*

Ainsi le verbe neutre exprime

Un état (je languis), ou bien une action,

Sensible par l'expression,

Mais qui ne peut sortir, sans doute,

Du sujet qui la fait : « Quoique ne voyant goutte,

« Mon voisin *sort* tout seul, et *tombe* à chaque pas.

« *On meurt,* et sans prévoir le moment du trépas. »

Du verbe neutre enfin, dont je suis l'interprète,

La définition sera, je crois, complète,

En disant qu'il n'a point de complément direct;

On ne dira donc pas, sans blesser le respect

Que l'on doit à la règle, et que l'honneur impose :

« *J'ai succombé* quelqu'un, *j'ai langui* quelque chose.

Tous les verbes pronominaux

Différant pour le sens, pour les formes égaux,

Reçoivent, sans fierté, le secours du verbe *être,*

Et s'adaptent, par supplément,

Un prénom personnel de la même personne :

« Je *m'*assieds; *tu te* plains; *il se* vend; *il se donne;*

« *Nous nous* amusons sagement;

« *Vous vous* négligez trop; *ils s'*aiment tendrement »

En trois ce verbe se divise :

Actifs, neutres, passifs : « *Vous vous* flattez, Elise;

« Oui, *vous vous* flattez trop d'avoir fait des jaloux. »
C'est-à-dire, vous flattez vous.
Donc ce pronominal est de la voix active :
« Ces objets *se vendront*, au moins, cinquante écus. »
C'est-à-dire, *seront vendus.*
On voit qu'ici le verbe est de la voix passive,
Et d'une autre façon ne peut être exprimé,
Puisqu'un objet inanimé
Ne saurait lui-même se vendre.
Cela, je le présume, est facile à comprendre.
Quant au *neutre pronominal*,
Au neutre simple il est égal,
Bien que du verbe actif il prenne la tournure;
D'un complément direct il ne peut, je l'assure,
Etre suivi ni précédé :
« Je ne puis passer sous silence
« Tous les évènements qui *se sont succédé*
« Depuis votre fatale absence.
« Ne vous absentez plus, ô vous dont la présence
« Sera toujours pour nous une faveur du ciel. »

Le *Verbe impersonnel*, vel *unipersonnel*
N'offre entre ces deux mots aucune différence :
Ce verbe, quoique régulier,
N'admet, dans tous ses temps, que la même personne;
C'est le mot *il* ou singulier :
« *Il* neige, *il* pleut, *il* grêle, *il* tonne. »

Ce pronom s'appelle *absolu*,

Vu qu'il ne représente aucun individu.

Sans être ridicule, on ne pourrait pas dire :

« *Dieu* tonne, le *ciel* pleut. » Cela nous doit suffire

Pour la distinction de ce verbe exclusif,

Qui ne veut qu'un seul mot pour son nominatif.

Du verbe *être* et du verbe *avoir*,

Les secours sont bien nécessaires;

Les autres doivent se pourvoir

Auprès de ces auxiliaires.

Dans les verbes *passifs*, les temps ne sont formés,

Sans en excepter un, qu'aux dépens du verbe *être*;

« L'écolier paresseux *est haï* de son maître;

« Les enfants diligents *sont* toujours *estimés*. »

Dans les temps composés, ce verbe habille encore

Des *neutres* et *pronominaux* :

« Mes frères *sont partis* au lever de l'aurore;

« Ils *s'étaient délassés* de leurs rudes travaux. »

L'auxiliaire *Avoir* constamment accompagne

Tous les *verbes actifs*, et des *neutres* aussi :

« Nous *avons exigé* que vous vinssiez ici.

« Ma sœur *a demeuré* longtemps à la campagne. »

Le verbe *Être*, à son gré, devient auxiliaire;

Et bien certainement, s'il prend ce caractère,

Ce n'est que pour verser des secours abondants ;

(Il n'en est pas ainsi des riches et des grands).

On ne peut trop louer sa rare bienfaisance ;
     Car, en sa qualité de verbe substantif,
Et de seul possesseur de ce titre exclusif,
     Il aurait pu, dans sa prééminence,
Exister isolé, se disant, sans jactance :
« Je *suis* celui qui *suis*. » — En effet, sans secours,
          Lui seul exprime l'existence,
          Tandis que les autres, toujours,
          Ont besoin de son assistance :
     Ceux-ci sont appelés verbes *attributifs*
     Divisés en *actifs*, autrement transitifs,
Neutres, et cætera. Quand je dis : « Je médite, »
On entend par ce mot : « Que je *suis* méditant. »
On voit donc l'attribut, en un sens implicite,
Dans ce verbe, et tout autre, exprimé simplement,
Et dont la version est facile à comprendre.
          C'est, j'imagine, assez m'étendre
          Sur ces deux verbes obligeants,
     Qu'à juste titre on nomme *auxiliaires*.
Voyons, en général, les *modes* et les *temps*.
     Les *modes* sont ici les diverses manières
          De classer l'affirmation,
Qui fait voir d'un sujet l'état ou l'action.
     Nous possédons cinq *modes* en grammaire,
          Dont jusqu'ici l'on a vanté
          L'immuable stabilité,
Sans doute la constance est assez ordinaire

Chez les mâles, surtout dans les *modes verbaux*.
Il n'en est pas ainsi de nos modes femelles :
    Femme toujours à des désirs nouveaux,
Conséquemment, toujours, des parures nouvelles,
Pour embellir la tête, et les pieds, et le corps :
Ce système bientôt vide les coffres-forts ;
    Et c'est, je crois, chose commune
    De voir l'honneur, fidèle jusqu'alors,
      S'envoler avec la fortune.
Mais ne nous mêlons point des affaires d'autrui,
Ce que l'on fit hier, on le fait aujourd'hui ;
On le fera demain : donc vaine est la morale ;
Le mal n'est pas toujours corrigé par les mots :
Ainsi reportons-nous à nos *modes verbaux*
Qui ne peuvent offrir le plus léger scandale :
    Le premier est l'*Indicatif* ;
Le *Conditionnel* apparait en deuxième ;
    Le troisième est l'*Impératif* ;
    Le *Subjonctif* le quatrième,
    Et le dernier l'*Infinitif*.
    Du mode *indicatif* la forme est absolue ;
    Ce mode est insubordonné ;
Il vous dit hardiment : « *Je loue* ou *je conspue*,
« *J'aime*, *j'aimais*, *j'aimai* ; quand *j'eus fait*, *je dinai* ;
« *J'avais promis* un champ à cet infortuné ;
    « *En le voyant*, *je sens* mon âme émue,
« *Et je serai* content quand *je l'aurai donné*.

« De richesses ma sœur *est* amplement *pourvue.* »
Ce mode affirme donc, comme on l'a vu déjà,
Que tel ou tel sujet *est, fut,* ou bien *sera.*
Le *conditionnel* affirme que la chose
Serait, *aurait été,* moyennant une clause :
« *Je serais* satisfait, si vous étiez chez moi.
« Si j'avais été faible, il m'aurait *fait* la loi. »
L'*Impératif* ordonne, *exhorte* ou *prie :*
« Mortels, *reconnaissez* un moteur tout-puissant.
« *Gardons* inviolablement
« Les secrets que l'on nous confie.
« *Soyons* amis, Cinna, c'est moi qui t'en convie. »
Le *Subjonctif,* humble et soumis,
Tout autant que doit l'être un sujet subalterne,
Sans la locution qui toujours le gouverne,
N'offrant que de vains mots, ne serait d'aucun prix :
« Dès l'âge de raison, *il faut que l'on discerne*
« Le bien d'avec le mal. *Je voudrais,* mes enfants,
« Que *vous employassiez* un peu mieux votre temps.
« *J'aurais bien désiré* que, dans un temps utile,
« Votre oncle *eût ménagé* sa santé trop débile,
« Et les nombreux écus qu'il a reçus comptant. »
Disons que les mots *régissant*
Dont l'empire sans doute est facile à comprendre,
Sont : *il faut, je voudrais,* et *j'aurais désiré,*
Et qu'en les faisant disparaître,
A coup sûr le discours serait défiguré.

Dans cette affirmative il n'est point de peut-être.

L'*Infinitif* exprime, en général,

L'état ou l'action ; ses formes, quoique bonnes,

N'admettant point de *nombre*, écartent les *personnes*.

On peut le définir le mode *radical*,

Dont le présent, lui seul, sert à nous faire entendre

Le verbe dont on veut parler :

On dit le verbe *offrir*, le verbe *receler*,

Le verbe *contrefaire*, et le verbe *descendre*.

Les *Temps*, dont j'ai promis la définition,

Sont des inflexions, puissantes, expressives,

Qui ne peuvent jamais tromper notre raison,

Sur les époques positives,

Où l'on doit rapporter l'état ou l'action.

Trois *temps* seuls sont marqués par l'exacte nature,

Le *passé*, le *présent* et la chose future.

Le génie y trouva des subdivisions,

Faciles à saisir avec peu de leçons :

Le *présent absolu :* « *Je suis, j'ai, je raisonne.*

« *Il faut* que vous sentiez la peine qu'on *se donne,*

« Ma fille, pour vous rendre affable, douce et bonne. »

*Le *présent relatif,* autrement l'*imparfait :*

« *Je jouais* constamment, quand ma sœur travaillait ;

---

* L'*Imparfait* marque le passé avec rapport au présent, et fait entendre qu'une chose était présente dans un temps passé, ou
lorsqu'une chose se faisait.

« Il fallait qu'on cédât à mes nombreux caprices. »
Le *parfait défini* : « L'autre jour *je sortis*,
« Et ne *rentrai* que tard avec quelques amis. »

L'*Indéfini* : « J'ai rendu des services
« A des hommes ingrats qui les *ont méconnus*. »
          Ces deux derniers, dans le langage,
          Ne sauraient être confondus,
          Qu'en violant et la règle et l'usage :
          Le *premier*, sans exception,
          Toujours désigne une action,
          Faite dans un temps, dont l'espace,
Tout-à-fait parcouru, ne laisse aucune trace
          Que dans l'imagination :
     « *Je consultai*, la semaine dernière,
          « Un avocat de mes amis,
     « Pour m'éclaircir sur une affaire,
     « Et *je fus* très-content de ses sages avis. »

     L'*autre* marque une chose faite,
Ou, dans un temps fini, mais indéterminé :
« Ces gens n'ont qu'un enfant, ils *l'ont abandonné*;
« *Nous avons triomphé*, la victoire est complète. »
Ou, dans certaine époque, ayant encor son cours :
« *J'ai parcouru* la ville et les faubourgs;
« *Ce matin*, de bonne heure, avec ma sœur cadette. »

* *Le Prétérit antérieur :*

« Dès que *j'eus déjeuné*, je partis pour la chasse;

     « (Et jugez quel fut mon bonheur)!

   « Je pris un marcassin avec une bécasse: »

    Après ce prétérit, vient le plus-que-parfait : **

« *Si j'avais attendu*, certes, j'aurais mieux fait. »

    Le *futur absolu* : « J'obtiendrai, je l'espère,

« Cette fière beauté, qui me fut toujours chère. »

    Le *futur composé*, qu'on dit *antérieur*, ***

Devra se concevoir dans les phrases suivantes :

« Lorsque *vous aurez fait* des aumônes fréquentes,

« Vous vous applaudirez de vos dons bienfaisants.

« Quand *vous aurez acquis* les vertus, les talents

     « Que l'on admire en vos parents ,

« Vous parviendrez, comme eux, à la magistrature ;

« Il faut, dans ce haut rang, avoir une âme pure. »

---

* *Ce prétérit* exprime ordinairement une chose passée, avant une autre, dans un temps passé.

** *Le plus-que-parfait* marque qu'une chose était déjà faite, lorsqu'une chose se faisait, ou était faite.

*** *Le futur antérieur* marque qu'une chose sera faite avant une autre ; il faut donc que l'époque soit déterminée.

Du Participe.

Je tiens le Participe, et voici bien le Hic
Difficile à saisir, autant qu'un porc-épic,
De nos grammairiens c'est le champ de bataille ;
Sur lui, quoi qu'on en dise, il faut que je rimaille.
Des efforts que je fais, sans doute, le public
Doit me tenir bon compte, et j'en conçois l'augure.
Le mot *Participe* est, lui seul, expressif;
Comme participant, en sa double nature,
        Et du verbe et de l'adjectif.
Il faut, pour bien l'entendre, un peu d'intelligence
        Et plus encor de patience.
Le *Participe* est *présent* ou *passé* :
Comparant, comparu, compassant, compassé.
Notez que du premier toujours la désinence
        Se forme par la syllabe *ant* :
« *Aimant* et *finissant, recevant* et *rendant* ; »
Qu'employé comme tel, il est invariable ;
Et que pour le régime, au verbe il est semblable :
« *Aimant* et *craignant Dieu; s'adonnant aux plaisirs,*
« *Se créant, jour et nuit, de coupables désirs;*
« *N'ayant de l'avenir aucune prévoyance.* »

            Ce participe quelquefois
Devenant adjectif, en observe les lois :
« Un jeune homme *agaçant*, une fille *agaçante* ;
« Le frère est *prévenant*, la sœur plus *prévenante*. »
        Qualifiant des noms, ces mots, et leurs égaux,
            Sont nommés *adjectifs verbaux*.

Le *passé participe* offre plusieurs finales,
            Dont voici le signalement :
« *Aimé, fini, distrait, joint, prescrit* et *reçu,*
« *Absous, éclos, éteint, assis, offert, exclu,*
« Ou, si l'on veut, *exclus*, ou féminin, *excluse*. »
            Du verbe *avoir* le participe est *eu ;*
Été l'est du verbe *être* ; et si je ne m'abuse,
Le mot de Participe est par là bien conçu ;
Mais sur la chose il faut que j'excuse ma muse ;
Et, pour moi, ce n'est pas un petit embarras.
            Lorsqu'au verbe *être* il se marie,
            Ne troublons point cette harmonie
Que toujours le sujet prescrit en pareil cas.
Du participe ici l'état n'est point perplexe;
        Car il prend du sujet et le nombre et le sexe :
« Mes *moutons* sont *vendus*; mon *berger* est *parti* ;
« Ma *sœur* est *respectée*, et mon *frère* est *haï*. »
Lorsque le verbe *avoir* lui devient secourable.
Ou le verbe *être*, employé pour *avoir*,
(Ce qu'une version nous rend facile à voir).

Le participe est immuable,
Si d'un régime simple il n'est point précédé :
« Vous avez trop *mangé*, quand vous étiez à table;
« Le plus petit excès est toujours condamnable.
          « Que de maux se sont *succédé*,
« Depuis cette funeste clause ! »
          Cette invariabilité
A celle qui précède est constamment égale,
Quand le régime simple, après lui transporté,
          Suit la forme grammaticale ;
« La foudre a *renversé* mes toits hospitaliers.
« Où j'avais tant de fois *soulagé* l'indigence.
« Pour l'intérêt public, d'honorables guerriers
          « Ont *dévoré*, sans indulgence,
« Le reste de ma subsistance ;
« Et, pour comble de maux, d'avides créanciers ,
« Dont le destin se plaît à grossir l'opulence,
« Ont *envahi*, pour rien, et mes champs et mes prés :
« Mes pleurs n'ont pu fléchir ces gens dénaturés. »
Nous arrivons enfin à la dernière règle;
Pour la bien discerner, comme on l'a décidé,
          Il n'est besoin de l'œil de l'aigle.

          Le Participe, précédé
     De son régime simple, en est l'honnête esclave ;
     Et sa marche aujourd'hui n'éprouve plus d'entrave :
Pour le genre et le nombre, il est par lui guidé.

Que le sujet soit mis après le verbe ou non :
Cet accord de rigueur est sans exception ;
Du moins avec soi-même on peut ainsi s'entendre.
Les exemples suivants me feront mieux comprendre.
« Vous recevrez des fleurs et des fruits bien choisis ;
« Pour vous, tendres parents, ma main *les a cueillis.*
« Les lettres, mon cher fils, *que de vous j'ai reçues.*
« Au sein de la douleur, je *les* ai toutes *lues.*
            « *Combien de pleurs j'ai répandus,*
« En sachant les dangers *que* vous avez *courus !*
« Qui pourrait exprimer les douleurs inouies
« *Qu'a souffertes* ma sœur pendant ses maladies ! »
Ce qui vient d'être dit est assez lumineux,
            Pour éclairer chaque principe ;
            Et le sentier du Participe
            N'offre plus rien de tortueux.
Terminons, en disant que si, dans le langage,
De tout *auxiliaire* il se voit dépouillé,
Et que d'un nom quelconque il est accompagné,
            Alors changeant de personnage,
Il devient adjectif, mais avec action,
            Et soumis, sans exception,
            Aux degrés de comparaison :
« Un homme *contrefait,* une femme *bien faite.*
« Un écolier *distrait,* une fille *distraite.*
            « Un apprenti *plus appliqué,*
            « Un ouvrage *moins compliqué.*

Au récit des dangers

« Il n'est point de forêt qui soit *aussi couverte.*

« Voyez cette maison *extrèmemeut ouverte.*

« Les barreaux *les mieux peints,* sont ceux de couleur verte. »

  Pris aux dépens du Verbe, ici chacun des mots,

  Qualifiant le nom, auquel on l'associe,

  L'analyse, docile à l'étymologie,

  Le met au rang des *adjectifs verbaux.*

  Au figuré, l'amour est un vrai Participe.

  Il est *verbe,* il est *adjectif* :

Ce petit Dieu malin se plie à tout principe.

  Despote et fier, lorsqu'il devient *actif,*

Il est humble et soumis, quand il est au *passif.*

  Quoique de *nature étourdie,*

  Volontiers il s'identifie

  Avec le verbe *réfléchi,*

  Pronominal, ou *réciproque* :

De ses conditions jamais il ne se choque,

Bien qu'il soit *régissant,* et d'autres fois *régi.*

Enfin, pour accomplir sa rare destinée,

Ce Dieu, tout Dieu qu'il est, trop ordinairement,

  Est employé *neutralement*

  Avec son frère l'Hyménée.

De la Préposition.

La *Préposition* exprime et fait entendre,
Entre divers objets, des rapports différents ;
    Mais nul ne le saurait comprendre,
Et ce mot resterait toujours vide de sens,
    Sans le concours *de* son régime,
Auquel on donne encor le nom de complément :
« Toujours votre cousin fut porté *pour* l'escrime.
« Souvent chacun agit *selon* son sentiment. »
    Si, de ces phrases régulières,
Nous faisons disparaître *escrime* et *sentiment*,
Les mots *pour* et *selon*, privés de complément,
N'offriront qu'un sens vague, et de vains caractères.
    Observons que, dans le discours,
La *Préposition* est simple ou composée :
« De pareils sentiments sont *loin* de ma pensée.
« Combien de vils flatteurs *autour* du diadème !
    « Il est très-ennuyeux
« De rester trop long-temps *vis-à-vis* de soi-même.
    « On est toujours officieux
    « *A l'égard* de celui qu'on aime.
« Hercule est renommé *par* ses douze travaux...
    Je juge qu'il est à propos

De présenter ici le tableau synoptique
Des *prépositions* que forme un mot unique :

à	de.	hormis, hors.	sans.
après.	depuis.	malgré.	sauf.
attendu.	derrière.	moyennant.	selon.
avant.	dès.	nonobstant.	sous.
avec.	devant.	outre.	suivant.
chez.	durant.	par, — parmi	sur.
contre.	en, — entre.	pendant.	touchant.
dans.	envers.	pour.	vers.

L'assemblage de mots qui font la fonction
    D'une préposition,
Est nommé par des gens d'un mérite profond,
    Locution prépositive,
En faveur du droit sens est-elle décisive?

De l'Adverbe.

—

Comme la préposition,
Dans ses formes jamais, l'Adverbe ne varie;
Mais, toujours, par l'expression,
Selon le cas, il modifie
Le mot auquel il s'affilie :
« Mon frère parle *bien*; il écrit encor *mieux*; »
On voit que *bien* et *mieux* expriment la manière
Dont écrit et parle mon frère.
Quelques grammairiens (je ne puis affirmer
Si leur décision est très grammaticale),
Se sont ingéré de nommer
Locution adverbiale,
Des mots (1) dont la réunion
Représente l'adverbe en mainte occasion.
En les suivant dans cette route,
On analysera les deux termes, *sans doute*,
Comme le simple mot *indubitablement*,

* *A dessein ; de nouveau ; au hasard ; à l'avenir ; en haut ; en bas;
sans doute ; en général ; en arrière ; long-temps ; jamais , etc.*

Les mots *en haut*, *en bas*, et bien d'autres encore,
Où l'ellipse paraît assez évidemment,
Pour que personne ne l'ignore,
Seront aussi traités *adverbialement* ;
Mais *en haut*, comme *en bas*, font juger, sans méprise,
Que le mot *lieu*, sous-entendu,
Doit compléter trois mots pour l'analyse;
Et l'adverbe, étant absolu,
Toujours, sans complément, de lui-même est conçu,
La marche, selon moi, serait plus régulière,
Et même, en tout conforme aux lois de la grammaire,
Si l'on analysait, dans l'ordre littéral,
De tout mot, quel qu'il soit, le sens primordial.

De la Conjonction.

—

Me voici donc au pénultième
Des dix éléments du discours :
En voyant que c'est le neuvième,
On conçoit que bientôt j'aurai fini mon cours.
Mais à quoi bon ce préambule?
Allons ! venons au fait : il serait ridicule
De traîner en longueur cette conjonction
Dont je voudrais hâter la définition ;
Mais cette conjonction a plus d'une rivale.
Si ce n'est pour la chose, au moins c'est pour le nom.
On la dit *matrimoniale*,
Lorsque de deux amants elle fait deux époux;
Ce n'est de mon ressort; mais, soit dit entre nous,
Il est plus d'un *conjoint*, dont le regret égale
Et surpasse, au-delà de toute expression,
Les plaisirs qu'il goûtait avant cette union.
On en connaît encor du nom *d'astronomiques* ;
Mais étant étranger à tous objets physiques ,
Volontiers j'abandonne aux savants curieux
Le soin de démêler ce qui se passe aux cieux.
Il faut donc que je me ravale

À la conjonction, dite *grammaticale;*
Du moins, cette dernière est proche de nos yeux.
Conjungere, voilà son étymologie :
Ce verbe latin signifie
Joindre, lier, unir; en effet, elle lie
Les membres du discours, des propositions,
Les noms, les adjectifs, et toute autre partie.
Ainsi, fertile en liaisons,
Autant que la mer en poissons,
Ce mot à son prochain est toujours nécessaire :
« *Lorsque* je vous quittai, je revins chez mon père;
« *Mais* j'en fus bien grondé pour être rentré tard.
« Ma sœur était absente ; *et* ce faible vieillard
« Voudrait qu'auprès de lui nous restassions sans cesse.
« *Puisque,* dit-on, le Tout-Puissant
« Créa l'homme à sa ressemblance,
« Soyons bons *comme* lui ; soulageons l'indigence ;
« Sur terre, on est un Dieu *quand* on est bienfaisant. »
Je présente ici l'assemblage
De ces conjonctions * que, de tout temps, l'usage
Met, avec abondance, en circulation.
Il est encor des mots, dont la réunion,
Dans l'analyse, prend le nom

---

* Ainsi, car, cependant, puisque, comme, enfin, et, lorsque, mais,
ni, donc, néanmoins, or, pourtant, quoique, quand, que, si, soit,
mais toutefois, sinon.

De *Locution conjonctive* :

« *Ainsi que* moi ma sœur est vive.

« Au *surplus*, les gens vifs sont souvent les meilleurs.

« Je vous attends ce soir pour arroser mes fleurs,

« *A moins que* vous n'ayez de plus pressant ouvrage. »

Je n'en dirai pas davantage

Sur ce filial élément,

Qui *simple*, ou *composé*, dans toutes ses finales,

N'éprouve point de changement :

Ainsi l'ont arrêté les lois grammaticales.

De l'Interjection.

—

Chacun de nos cinq sens a son affection,
Que, souvent, on conçoit par l'*Interjection.*
       Cet élément, toujours sublime
       Par sa rapide expression,
       Peint le transport qui nous anime,
Les élans naturels à toute émotion,
Et les divers ressorts qui font mouvoir notre âme.
Tels que l'*aversion,* la *joie* ou la *douleur,*
La *surprise,* l'*effroi, le courroux* et l'*horreur;*
Il peint également la *louange* ou le *blâme :*
      « J'ai vu l'Agésilas, *hélas!*
      « Mais après l'Attila, *holà!*
Enfin il *apostrophe, encourage* et *fait taire :*
« Allons! enfants, *très-bien!* Votre sobriété,
« Vos travaux assidus, votre docilité,
« Sauront, n'en doutez pas, doubler votre salaire.
« Mais, *chut!* n'en parlez pas, et surtout, à mon père.
« *Oh!* qu'il condamnerait ma générosité !
« *Hélas!* c'est fait de moi; ma vie est un supplice.
« *Ah!* vous me la rendez supportable à présent.
« *Grand Dieu!* tu prends plaisir à nous être propice.
« Et, dans toi, nous voyons un être bienfaisant.

« *Ouais !* ceci me paraît d'une étrange nature.

« *Morbleu !* je vengerai cette sanglante injure.

« *Fi !* mon enfant, que me demandes-tu?

« *Ciel !* ce projet affreux, peux-tu l'avoir conçu ? »

RÉSUMÉ.

—

Sans contredit, c'est par le *nom*,
Que, dans chaque langage, on distingue la chose :
Par le *nom*, quoique absente, à l'esprit on l'expose ;
En voici, de rechef, la subdivision :
Noms propres collectifs, et communs de substance.
Beaucoup d'autres encor sont appelés *abstraits* ;
Tels sont : *vertu, vice, progrès,*
Religion, charité, bienfaisance,
Opulence, grandeur, insensibilité,
Et, sans exception, les *noms de qualité,*
Où de toute matière on remarque l'absence.
On entend, par *les adjectifs,*
De certains mots attributifs,
Dont on revêt l'objet que l'on veut faire entendre :
Mais évitons de nous laisser surprendre
Par ces attributs qui, souvent,
Offrent un faux signalement.

L'*Article* est, pour les noms, un lien nécessaire.

Dans le discours, c'est un petit notaire,

Qui, par de réguliers accords,

Sait, entre les conjoints, fixer tous les rapports.

Du nom le *Pronom* tient la place :

Contre les répétitions

Le *Pronom* fut toujours d'un secours efficace.

Des noms et d'autres mots il fait les fonctions.

Le *Verbe* vivifie, enflamme,

Et nouveau Prométhée, anime les objets ;

Sans son secours et ses bienfaits,

Toute locution serait un corps sans âme,

Le *Participe*, en deux est divisé :

Il est *présent*, il est *passé* :

De tout temps, le *premier* a marqué sa constance ,

En conservant sa désinence.

Précédé du mot *en*, ce petit souverain

Représente en français le gérondif latin.

Le *dernier*, constamment, au verbe s'affilie ;

Il compose ses temps ; et toujours *libéral*,

Il se prête à des noms, qu'alors il qualifie ,

Sous le nom d'*Adjectif verbal*.

En cela le *présent* est souvent son égal :

Mais, dans sa classe attributive,

Chacun d'eux, sans réserve, exprime une action.

Les autres attributs n'ont point de force active.

On entend, par la *Préposition*,

Un mot invariable et suivi d'un régime,
Sans lequel serait nul le rapport qu'il exprime.
    Par une simple expression,
L'*Adverbe* modifie, ou bien circonstancie :
Comme les mots suivants, jamais il ne varie.
    On conçoit la *conjonction*
    D'après son étymologie.
    De diverses locutions
Elle fait un seul tout, un correct assemblage,
Que l'on ne peut briser sans tromper le langage,
Ni donner au droit sens des imperfections.
    Dans le discours, elle est d'un grand usage.
    Enfin, par l'*Interjection*,
On exprime l'horreur, la louange, le blâme,
La joie, ou le chagrin, l'effroi, l'aversion;
On peint, en abrégé, les mouvements de l'âme :
C'est le rapide accord de toute émotion.

CONCLUSION.

Donc, si quelque érudit, exprès, ou d'aventure,
    Lisait cette production,
    Sans croire qu'il me fît injure,
    Je l'entendrais (n'en doutez pas),
    Comprendre toute sa censure
    Dans l'interjection : Hélas !

TABLE DES MATIÈRES.

ADVERBES.

La bonne Journée.

Un pauvre clerc du parlement,
Arraché du lit brusquement,
Comme il dormait profondément,
Gagne l'étude tristement,
Y griffonne un appointement,
Qu'il ose interrompre un moment,
Pour déjeuner peu grassement :
En revanche écrit longuement,
Dîne à trois heures sobrement,
Sort au dessert discrètement,
Reprend la plume promptement,
Jusqu'à dix heures seulement.
Lors va souper légèrement.
Grimpe.... et se couche froidement
Dans un lit fait négligemment ;
Dort.... et n'est heureux qu'en dormant ;
Ah ! pauvre clerc du parlement !

COLLIN.

Lyon, Impr. Ve Mougin-Rusand, rue Tupin, 16.

www.ingramcontent.com/pod-product-compliance
Lightning Source LLC
LaVergne TN
LVHW021822170726
843503LV00007B/3317